誠文堂新光社

はじめに

はじめまして、イラストレーターの浜竹睦子です。

この本を手にしたということは、サウナが「好き」もしくはサウナに「興味がある」方なのだと思います。光栄です。ありがとうございます。

私がサウナに入るようになったのは、コロナ真っ盛りの2020年。人に会えず、一人でもんもんとしている時に、地元・福岡の友人から勧められたのがきっかけでした。サウナの熱さにはすぐに慣れたけれど、水風呂が怖くてなかなか入れず……やっと勇気を出して入ってみたら、とんでもなく気持ちが良くて楽しくなりました。以来、近所のサウナを片っ端から巡り、コロナが少し落ち着いてきてからは「もっと知りたい!」と、神戸、大阪、京都……とじわじわ東に向かって、サウナを目的としたいわゆる「サ旅」をするようになりました。

私は昔から好きな人、モノを記録するのが大好きで、体験したことを絵日記感覚で描き、インスタグラムで公開していきました。サウナの投稿は、2021年からはじまりました。どれも、できるだけ「みっちり」克明に描いています。好きなことはしっかりと記憶にこびりついてしまうため、それを残さず描き尽くしておきたいのです。また、体験して楽しかった時、好きだと思った時にだけ描いています。「嫌だなぁ」と思った時は描いていません。そうして好きなことだけを描き続けていると、楽しいご縁も増えていきます。この度の『偏愛サウナめぐり』もそんなご縁から制作することとなりました。本書はインスタグラム投稿の中からサウナについてまとめたものと、追加でいくつか取材したものをみっちり描いています。

岡山県の南っかわの田舎に住み、子どももまだ小学生で気軽には飛び回れず、たくさんのサウナに恵まれた都会に住む「サウナー」と呼ばれる皆様ほど、施設の数、回数、巡れません。また、専門知識もないため、たくさん温浴施設の載ったガイド本、健康に良いのかを知りたい方には物足りないかもしれません。

ただただ、サウナが好きなんです。

私のみっちりと偏った「好き」が伝わりますように。

そして、「興味がある」が「好き」になるきっかけとなれれば本望です。

浜竹睦子

登場人物

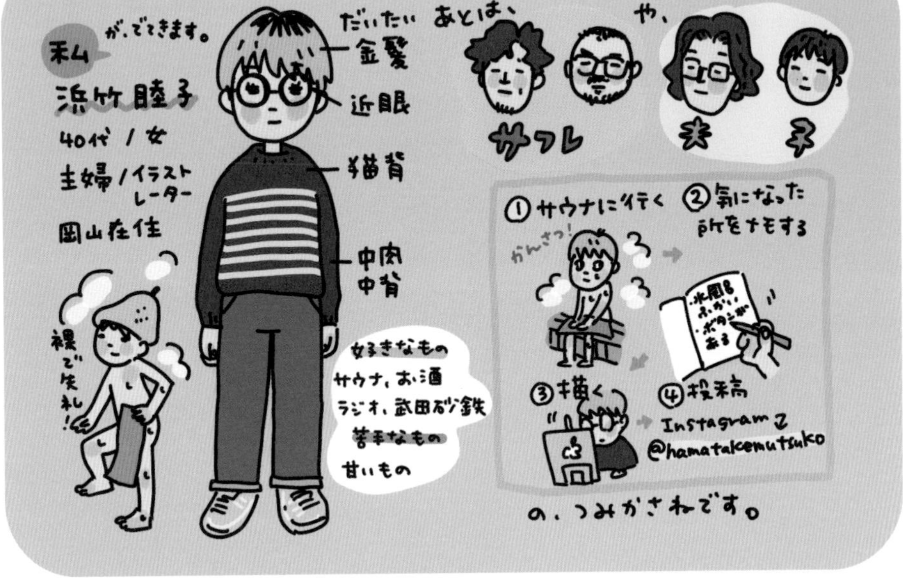

私 が、できます。
浜竹睦子
40代／女
主婦／イラストレーター
岡山在住

金髪
近眼
猫背
中肉
中背

裸で失礼！

好きなもの
サウナ、お酒
ラジオ、武田砂鉄
苦手なもの
甘いもの

だいたい あとは、サワレ や、夫 子

①サウナに行く ②気になった所をメモする
③描く ④投稿
Instagram
@hamatakemutsuko

の、つみかさねです。

この本の楽しみ方

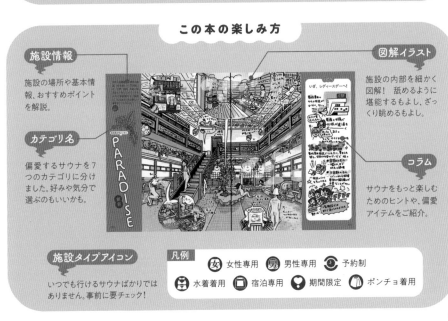

施設情報

施設の場所や基本情報、おすすめポイントを解説。

カテゴリ名

偏愛するサウナを7つのカテゴリに分けました。好みや気分で選ぶのもいいかも。

図解イラスト

施設の内部を細かく図解！ 舐めるように堪能するもよし、ざっくり眺めるもよし。

コラム

サウナをもっと楽しむためのヒントや、偏愛アイテムをご紹介。

施設タイプアイコン

いつでも行けるサウナばかりではありません。事前に要チェック！

凡例

女 女性専用　男 男性専用　予約制
水着着用　宿泊専用　期間限定　ポンチョ着用

もくじ

しっぽりと楽しみたい

サウナファンの定番と、
地元民憩いの
温浴施設から
はじめましょうか。

新感覚を味わいたい

進化し続ける
サウナシーンの今を
体験して
おきたいじゃないの。

名サウナに名水あり

サウナの主役は
水風呂!?
カラダで味わう
名水体験。

濃厚銭湯サウナ

昔ながらの銭湯も、
かっこいい
リノベーション銭湯も
楽しんじゃうの。

※本書は2024年1月現在の情報を元に作成しています。その後に変更が行われたり、生産終了した商品あるいは廃業した施設が含まれたりする場合がございます。

準備 OK?

サウナバッグ

コットンのメッシュバッグ。
このまま浴室に持って行ける。

洗濯ネット

柄入りだと中身が見えにくいので、替え下着を入れることも。濡れたサウナハットを入れて、そのまま洗濯機へ。

洗面具

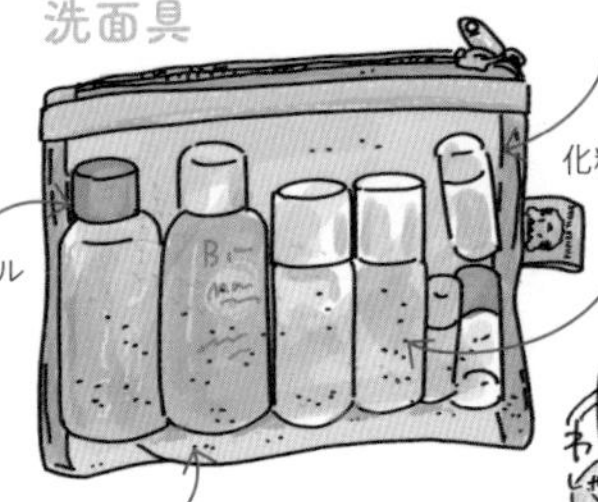

オイルは髪、顔、身体にも使えるもの。風呂上がりにわしゃわしゃ塗る。

サウナめがね

耐水、耐熱、くもり防止のメガネがあるんよ〜。

コンテックス3種の神器！

今治タオルのメーカー「コンテックス」のサウナグッズが優秀なのです

1 今治サウナハット「POCKET」

髪を熱から守り、のぼせ防止の役割もあるサウナハット。タオルだから洗える＆便利なポケット付。

2 MOKU ワイドロング

タオルと手ぬぐいの真ん中のような使い心地。軽い、水吸う、すぐ乾く。通常のタオルサイズ M より、ちょっと大きめワイドロングが好き。

3 ソロサウナマット「スウェル」

貸出マットの上にふわり。
外気浴ベンチの上にふわり。
おしりに優しい使い心地。

いってきまーす！
さあ、はじまるよ〜

しっぽりと楽しみたい

兵庫

神戸レディススパ

港町神戸の中心・三宮。都会の真ん中に、巨大トントゥがずらりとお出迎え。白くキラキラの館内はふわふわの床。エントランスから漂うローズの香り。コンパクトながら本格的スパ！

女

BE KOBE
ドキドキ
神戸レディススパに行ってきました
三宮駅からまーっすぐ徒歩10分
上は男性用 神戸サウナ&スパ
ココ
デカ!!
神戸サウナ
天然温泉
サウナの守り神"トントゥ"が大量にお出迎え
ムハッ
顔ハメ!!
こちらも
xmas ver
撮りたいのに…一人!!
デカイ
誰か…(撮れず)
白い!!
サウナ室
大きくないけど本格的なフィンランド式
砂時計
サウナマット使い放題
さほどあつくない
80℃
フロントは3F。
楽ちん
ワッフル素材のふわふわ館内着
お会計は全てロッカーキー
パンツだけはいてる
女しかいないって気が楽ー
ダイニングルームもええ香り。
雑誌や本など
Free WiFi
ワーケーション
日替り定食880円
エレベーターを降りたその瞬間から
高級感
バラの香り
早速荷物をロッカーに預けて着がえます。
ふわふわ

さて、スパ。
アールが女性的だね
コンパクトながら充実。
24h入れるよ
ボタンおすとジェットバス2台ともでるご賃をつけて
寝湯
壺湯
（この日は）ヨモギ湯
ローズテルマリウム
ぶしゅわ
ものすごいミスト
ヒエー
入口にあるローズソルトをコップに入れて、いざ入室
The女子っぽさ
ローズソルトは体にすりこんで
タイル地
ロココ調
Step.1
30分に一度のロウリュ
じゅんわ
※日により時間ちがう
香り☆
Step.2
熱い空気を拡散している
Step.3
ここにもトントゥ
神棚みたい
ばふぅーっ
からの熱波を
動線完ペキ
20歩も歩かん
ひえ
土地柄に入口足元の水に毎度びびる
サービスの氷が大きくておぼれそう
ゴボッ
冷たすぎずほどよき
水風呂
ザバァー
外気浴スペースもちょっとある
ここも良いわ〜
石の鳥と目があう!!
デトックスウォーターのみ放題
ザワ
都会の音する
ザワ
←神戸の方頭にタオルまくの上手!!

カプセルホテル
ルーム入口にオートロックあって安心
初カプセルホテル
小規模だねコレ
テレビ
AC×1
USB×1
電源類
水と耳栓（サービス）
テンピュール製の寝具♡
出入口はロールカーテン→
朝食は、なんとカレーでした。
オプションで
岩盤浴
枕やわらかい
ぬくーい
白い部屋と黒い部屋ある
THE 寝てばかり
仮眠にぴったりスーパーリアシートもある→（夕方から有料みたい）
神戸レディススパ
コラム
トントゥって何？
神戸サウナのトントゥは
フィンランド直輸入!!
トントゥ…
野性的
で、お気に入り
フィンランドの森や小屋、家の中などに棲んでいるといわれる妖精・小人。
サウナにも「サウナトントゥ」
楽しませることが好き
大小、至るところにいる
ぐりぐり
めっちゃいる
ツボもおせるトントゥ
「神戸サウナ」のイラストの中にもたくさんかいてるので何体いるかさがしてみよう
いろんなトントゥがいるのね。

しっぽりと楽しみたい
兵庫
神戸サウナ&スパ
再び神戸へ。「最高、天国」と噂の神戸サウナは男性専用(呪)。リニューアルに伴う、10数年ぶりのレディースデーにお呼ばれ。端の端まで舐めるようにレポート！
男
神 に呼ばれて、神戸にやってきました。
今日は 3F 神戸レディース・スパ（女性専用）でなく
1F
6F、男性専用フロア、に行くの
神戸サウナ
天然温泉
KOBE S
サウナハットをかぶった※トントゥ
1Fのエレベーターから雰囲気あるよね
6F
スイミングキャップかと思ったよ
※トントゥ…サウナの守り神 フィンランドから輸入
この辺
グッズもりもり
フロントの高級感
↑風がふきこんでいる
トントゥがいっぱいいる…
すごい開放感！
サ
ザ
いらっしゃいませ！
本物の津村支配人だー!!
わー

6F
ロッカーに荷物あずけて〜
この日は水着ON
山盛り
THE サウナパンツ
7F
すっぽんぽんで移動しない安心〜
手づかいまみれ、
お水、イオンウォーター
買える！
ロッカー番号をかいとく。
氷箱
天井高ッ！
かつ、エキゾチック〜
新フィンランドサウナ完成
入口に、足シャワー
パンツをぬいでいざ！
まずは、しっかり洗体、
充実のアメニティ
シャンプー
シェービングフォーム
固形石けん
サイドにも鏡！
ヘッドブラシ
かかとブラシ
はぶらし
ナイロンタオル
通常アメニティと、プラスのたっぷし、
イス高い
キャ〜♥

この氷箱、スタッフによる手づくりだそうです。
氷、おっきい
OH〜 DIY
ICE
ゆっくりふたしないと
氷どうぞ〜
ICE
もんのすごい音します
ドカーン
塩サウナ
あがる時この皿で水かける
ハマーム（岩盤浴）
練習用水風呂もあるよ。
深い〜
120cmくらい!?
あしで塩もしゃ
もしゃ
23℃
ギリシャ
神戸サウナで蒸され三昧!!
メインサウナ
110℃
広い 30人は入れそう
野性的なトントゥ
でっかいストーブ
細長トントゥ
かけ湯
水風呂
ひゃっこーい
砂時計
＜メインサウナタト
ロウリュ（löyly）
ロウリュの時間をしらせるボード
サウナパンツ
シャキッ!
11.7℃
山モリサウナマット
阪神・淡路大震災を忘れない（1995年1月17日）
温度差100℃
木のイスもある

露天スペースに
新・フィンランドサウナ
フィンランドから直輸入した「木の宝石」ケロ材を主に使用！
80〜90℃ながらロウリュでしっかり湿度があがる。
ケロ材の独特な「え――――香り
自分がどこにいるのかわからなくなるよ…
11.7℃
水風呂
この椅子きもちい…
火曜、夜たき火するそう
外の緑みえる
まさしくバケツをひっくりかえす
バケツシャワーで汗を流す
放心する人続出
風鈴の音が心地よし
前室にヴィヒタあり。
トントゥトントゥ
風が吹いてくる
ああこれが六甲おろしか…

神戸サウナ＆スパは
日本で唯一フィンランド
サウナ協会の
正会員に認定。

津村支配人が
壱億円
くれた
※もちろん、おもちゃ
背すじピーン

8F メンズフロア
館内着かわいい！
男性用なので大きい…（L、LL）
2色あり
サウナパンツ
居酒屋みたい！
←プロジェクターでTV
リラックスルームも広々→
男子な漫画棚有
湯あがりのビール
夜はもつ鍋
しめの麺もついてる

5F カプセルホテル
セルフロウリュできるよ
ストーブはリニューアル前のまま。
本格的だったわ
津村支配人
夜も朝もずっと働いてた→
一人ひとりに声をかけ写真撮ってくれる
難しいダジャレが次々出てくる
サンライズなのに3set（sunset）
テレビ
鏡
コックピット感
ハチの巣みたい
朝食はバイキング
おいしかったわー
朝カレー
カレーな一日を！

…に三宮？
…の…なの？

しっぽりと楽しみたい

湯乃泉 草加健康センター

埼玉

日本初の健康ランド「相模健康センター」(現在閉店)の2号店。ちょっと昭和の香り漂う館内に「子どもの時、家族で来たよね」と錯覚(初めてなのに)。激つよサウナに負けそう……。

露天スペース

サウナ

ぶく ぶく

サウナ

イズネス ストーブ

温度 88℃

湿度 33%

白マットは通路。

あつくて上に行けない…。

この辺

ミストサウナ

顔ハメ

フィーバータイム?

オリジナルソルト売ってる。

54℃

どこまでもラッコ推し。

コラム
サウナグッズのお話
「草加健康センター」は、オリジナルグッズの数がもんのすごい!
スパバッグ
バスマット
ラッコ推し!
アクリルスタンドまで!!
かわいー
あちこちサウナをめぐっていると、普段の生活の中にもサウナグッズがふえていく。
チャンス
でサウナチャンスキーホルダー(サウナイキタイ)
キャップ(東京・渋谷 SAUNAS)
ホテルキー風キーホルダー(京都・ぎょうざ湯)
夜光るのよー
梅湯ワッペンをつけてる(京都・サウナの梅湯)
じゃじゃーん
〜あら〜
こんにちはー
日常生活にこっそりサウナをしのばせるのが好き。

しっぽりと楽しみたい
東京
ルビーパレス
日本の韓国・新大久保「イケメン通り」を抜けた先のビル、
そこは女性のための楽園。スタッフ同士の会話が韓国語やん、
でも、そこも好き。私はすべての垢を
ここでそぎ落としたい。
女
1
東京のコリアンタウン
新大久保に来た
路地一本
入った所に
ガヤガヤ
ガヤー
芸者たこさん
ペカー
ヴィーナスが目印な
コンニチワー
4ジカーン？
アカスリハー？
こんにちは一
女性専用サウナ
ルビーパレス
ガウンに
着がえて
浴室へ
遠赤サウナ
洗面器ないみたい。
3
すきぃ〜
湯船ある
硬度0の「軟水」！
かえる様からでてる
あかすりゾーン
円形せっけん
サウナが3つ、
1
2
3
水風呂
かけ湯
じょ
とめてはならぬお湯
異国の空気を感じる
よもぎスチームサウナ

50〜60℃の低温。ゆったり
かっこE テキスト ついてる
ぬーくい
2
ロウリュサウナ
80〜90℃ あづい。
のだけど 温度が丁度よい
あづ
あつい
人の気配
砂時計
オートロウリュ
じょぼぼ…
ないわ！
あれ？
大きな箱有。
よもぎは ここか？
ふぷしゅ
ぎんもぢ
ここ香り
ここ浴室内。
黒のセクシー 下着のお姉様が…
え゛！？
すいませーん
ほぼ 韓国人の スタッフさんも 見逃せない
LOVE
お客さん かみのけ
だめよ
結びなさい！
注意も ストレートですき
ほじ
ほじ
サウナ マット 運んでる
アカスリの スタッフさんでした。
すんごい丁寧にマットをチェックしてたり
豪快にベンチ流したり

しっぽりと楽しみたい

文化的なホールを思わせる直線的なつくりと、圧倒的に自由な空間。とにかく広くて無駄なものがない。そして、だだっ広いサウナ室正面、巨大な遠赤ストーブが2つ……構えろー!!

打たせ湯強い
やっぱり
休憩スペース
2階にいく階段のおどり場にスペースがある。浴室みわたせて面白い。
スチームバス強い
露天スペース
サウナ室
じょわー
90℃
すんごい頻度のオートロウリュ
カピバラ？ 高濃度炭酸泉は常連さんみっちり
バイブラ!!
水風呂

広島 お湯処美福

福山は温浴施設が元気な町。共通点は、サウナ利用は腰にバスタオルスタイル、サウナ強い（美福のオートロウリュは脅威の「1分に1回」）、スチーム強い、打たせ湯強い!!

サウナ室
春の高校野球に夢中の人々
などのみどりボタ
サウナ室
入口で地元の食材〜お花までみっちし
露天スペースもあるよ
かけ湯
ほわー
どっぷ〜ん

水風呂
ボタン…
じょぼぼぼ…
お湯が とぅるっ とぅる
加水なし！の、The 源泉!!

湯あがり、とぅるほかのまま
食堂に行くとそこには宝箱
大広間にどどん
高校野球
安い！うまい！
あ、チキン南蛮ある！！
はい けんかしないよー
もう居酒屋じゃないか…
あ！なんで冷奴たのんでるの！？オレ先頼んだのに
食べたかったのよー
やったーー!!
最高だな あおき温泉

しっぽりと楽しみたい

有明海に注ぐ筑後川のそば、地元市民の憩いの場。源泉100%「とぅるっとぅる」な極上のお湯と、かゆいところに手の届く豊富なメニューの美味しいごはんに、もう帰りたくない。

コラム

サ飯

サウナに入るとお腹がすくのです

アジフライをみると頼んでしまう病
中骨までおいしい
タルタル
塩
ソース
小鉢うれしい
熊本・湯らっくす▶p.50
アジフライ定食
食べやすい一口サイズ
ソース
ごまドレ
しょうゆ
お米から最高!!
静岡・サウナしきじ▶p.52
アジフライ定食
プリップリプリプリプリプリで、うれしい。
ドリンク2つ購入すると、キンキンに冷えたジョッキ貸してくれる
氷入り
キラッキラ
福岡・天拝の郷
海鮮丼
福岡県筑紫野市天拝坂2-4-3
TEL：092-918-5111
海鮮丼、パワーアップしてらしい。今こんな……
食べたい
ぎょえええ
みっちり!!
奥様は海鮮丼が好き

おしゃれすぎる
サ飯
バンズも
ガリンとおいしい
本気の
ジビエ肉が
うもれて
いるよ
肉汁
じゅわ～
スープ付
野菜
もりもり
ホクホクポテト
東京・黄金湯
ジビエバーガー
東京都墨田区太平4丁目14－6
TEL：03-3622-5009
魅惑の泡ふわ
だし卵。あまーい
カツは
さくさく
熱々
ご当地飯も
食べときたい
岐阜・朝日屋
カツ丼
岐阜県大垣市東長町40
TEL：0584-78-4054
宮城・スパメッツァ仙台　竜泉寺の湯 ▶ p.34
麻婆豆腐ライス
あつあつ
石窯ごはんに
辛旨い
あつあつ
麻婆豆腐ON!!
サウナあがりは
辛いもの食べたい
鉄板 あつあつ
ジュージューで出てくる
甘辛くて
ビール
とまらん
やつ
神奈川・スカイスパ YOKOHAMA ▶ p.32
牛モツの鉄板焼き
※期間限定メニュー

新感覚を味わいたい
渋谷SAUNAS
東京
館内着もおされさん
2022年12月、マンガ家・タナカカツキ氏プロデュースのサウナ施設が誕生。西側「WOODS」と東側「LAMPI」が男女入れ替え制ですと、連日行くに決まっているじゃない。
東京、渋谷
オシャレなお店…
ハチ公にも目もくれず
きた――!!
来たんだ――― 渋谷サウナス SAUNAS
おされすぎてきんちょうする…
受付
「サ道」の著者 タナカカツキ氏プロデュース
タオルどうぞー
タオルうけとる
ゲートがあるよ
あとで教えてもらった ロッカーの鍵がおしゃれすぎて使い方がわからず
階段のぼって
あと イオンウォーターください
西側 WOODS 2F
VIHTA SAUNA ヴィヒタサウナ
~おこもり~
HAPPAMAA SAUNA
MATALA
おけすら銅だし
寝っころがって入れる水風呂
お茶の香り
じゅんわあ
楽園~
KELO SAUNA
ウィスキング用のサウナ室

TEETÄ SAUNA
テータ＝茶
ここすき〜
のぼる
3F
2F
TUULI SAUNA
トゥーリ＝風
広いだ
アウフグース用につくられたサウナ室
桶シャワー
温度が優しめだった
ぎょえ〜
西側
WOODS 3F
SYVÄ
シュバ＝深い
深くやつ
水深145cm
ちべたい
水風呂
かべ全面ケロ杉

MUSTA SAUNA
しゃわ〜〜
内気浴スペースあるよ
水風呂 MATALA
館内アメニティが OSAJI
2F
ねころび〜
オートロウリュ
BED SAUNA
東側
LAMPI
3F
翌日も行ったの
テヘー
SOUND この辺
KELO この辺
ふぉん
ふぉん
音に包みこまれる
独自開発したサウンドシステムを搭載したサウナ室
SOUND SAUNA
桶がずら——っと
うひー
ばしゃーん
水風呂 LAMPIは 150cm
水風呂 SYVÄはこの辺
定期的にキリがでてくる
渋谷 SAUNAS
LÄMPI
デザインが一個一個かわいい。こだわりがすごくて
あった
スッ…
ドライヤーが引き出しの中
!!
メニューがQRコード

新感覚を味わいたい

東京

ドシー恵比寿

サウナのついたお宿を探しておりましたら、おしゃれな街・恵比寿に似合ったおっしゃれぇなお宿。でぇれぇ（岡山弁）大きいサウナ室に、新感覚のウォーム・ピラーで悶絶せよ。

田町の居酒屋街に突然の銭湯。90年続いた「万才湯」が、江戸、昭和、平成と時代のエッセンスがミックスされた新感覚のスパ施設に。なるほどこれは新しい解釈の「パラダイス」！

男

新感覚を味わいたい

PARADISE

東京

イ草のサウナマット
おしゃれベンチスペース。
畳やで
吹きぬけ2F内気浴スペース
サウナはココ
右は、あったか湯船。
向かいの壁に大きなプロジェクター
美術館みたい
かっこよいソロサウナ女子が多いねえ

コラム
いざ、レディースデーへ!
男性専用のサウナ施設が少なく、ない。
サウナ室広かったわー
男湯と女湯で仕様が違う事もよーーーくある。
おい
めっちゃ狭かった
そんなサウナ好き女性に向けた嬉しいお知らせ
レディースデー
男性専用施設に入れたり、男女入れ替え、全館女性貸切デーなど様々
ムー
ムー
● 定期のもの …曜日や、日で決まって開催
● 不定期のもの …イベント的な開催
要予約や事前購入が必要なことが多い
施設のSNSをチェックせよ
ドドドドド
TICKET
熱いねー
人気施設では秒で売り切れることも

横浜駅地下街直結のスカイビル14階にある絶景スパ施設。「4方向から熱が届く」サウナ室って、どういうこと？サウナシアターって何!? サウナへの熱が、愛が、すごい。

新感覚を味わいたい

神奈川

スカイスパ YOKOHAMA

熱
源が
4つもある!!
熱2.
熱3.
Harviaストーブが2台!!
お風呂あがって
ぷらぷら
しておりましたら、
15Fにきました
サウナシアター?
サウナシアター
サウナシアター
男女問わず、
館内着のまま
利用できる
約100名入れる
巨大サウナ室
熱4.
このあたり
テルマール
温水管
フィンランド式ドライサウナ
IKIストーブ
3台…。
サウナストーン
800kg…
ソルトクーリングルーム
リラックスヨガや、
アウフグースなどの
イベントも行われているそう

大きい〜
杜の香木
ナディサウナ
木の香りがふわ〜ん
りゅうせいじのゆ〜
#Ryuseijinoyu
ここはお風呂のパラダイス〜
エンドレスでテーマソングきこえる…
キョロ
セルフロウリュでごわす
ぐるじゅ
きよめの滝
どばばばば
うはー
炭酸泉についてのあついストーリーがかかれてる
スーパー電気風呂
リズムがあきない
ビリビリ
不惑炭酸泉
ゆのどけ
高濃度炭酸泉

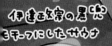

新感覚を味わいたい

宮城

スパメッツァ仙台 竜泉寺の湯

「スーパー銭湯」「高濃度炭酸泉」発祥の温浴施設、竜泉寺の湯（名古屋）の系列店。隅々まで伝わるホスピタリティ、熱い思いが、お風呂、サウナをさらに進化、もっと楽しく！

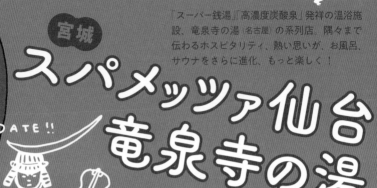

DATE!!

伊達なサウナ

みっちり

超軟水の冷水風呂

この辺に熱湯!!

山ほどあるよ

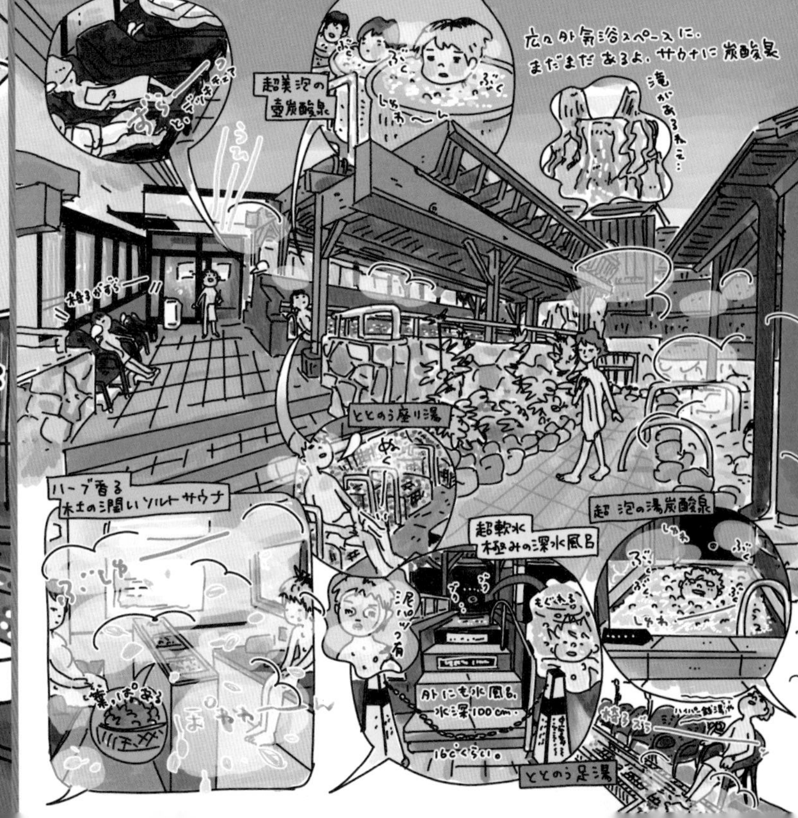

SaunaLab Nagoya

愛知

※予約優先

名古屋の中心部・栄のビルに突然現れるフィンランド！　マリメッコ、トナカイの毛皮、白樺の木、あちこち小部屋のサウナはすべてセルフロウリュ。ここはもしかして、森？

サウナラボにはたくさんのサウナと色んなお部屋があるのです。

ロフトにもゴロゴロスペース

ココ！

コンセント

ゴロ

ゴロ

トナカイ

Mountain Library

ロフトサウナの窓 ここからは入れず

ウィスクまみれ

一人でわんぱく

わーい

北欧調でおされ〜

Loft Sauna（男性専用）

急勾配の階段のぼる

うひー

Loft Sauna入口

しょぼぼ

高ーーい ところからロウリュ

じゅわぉー

リトリートプランをうけると約1h貸切になるので、入れたの

下からも入れるよ

ロフトの下には半個室のゴロゴロスペースや、ワーキングスペースもあるのね。

天国なの？

すや

すや

大きなブランケット

くつろぎ放題スペース

おお

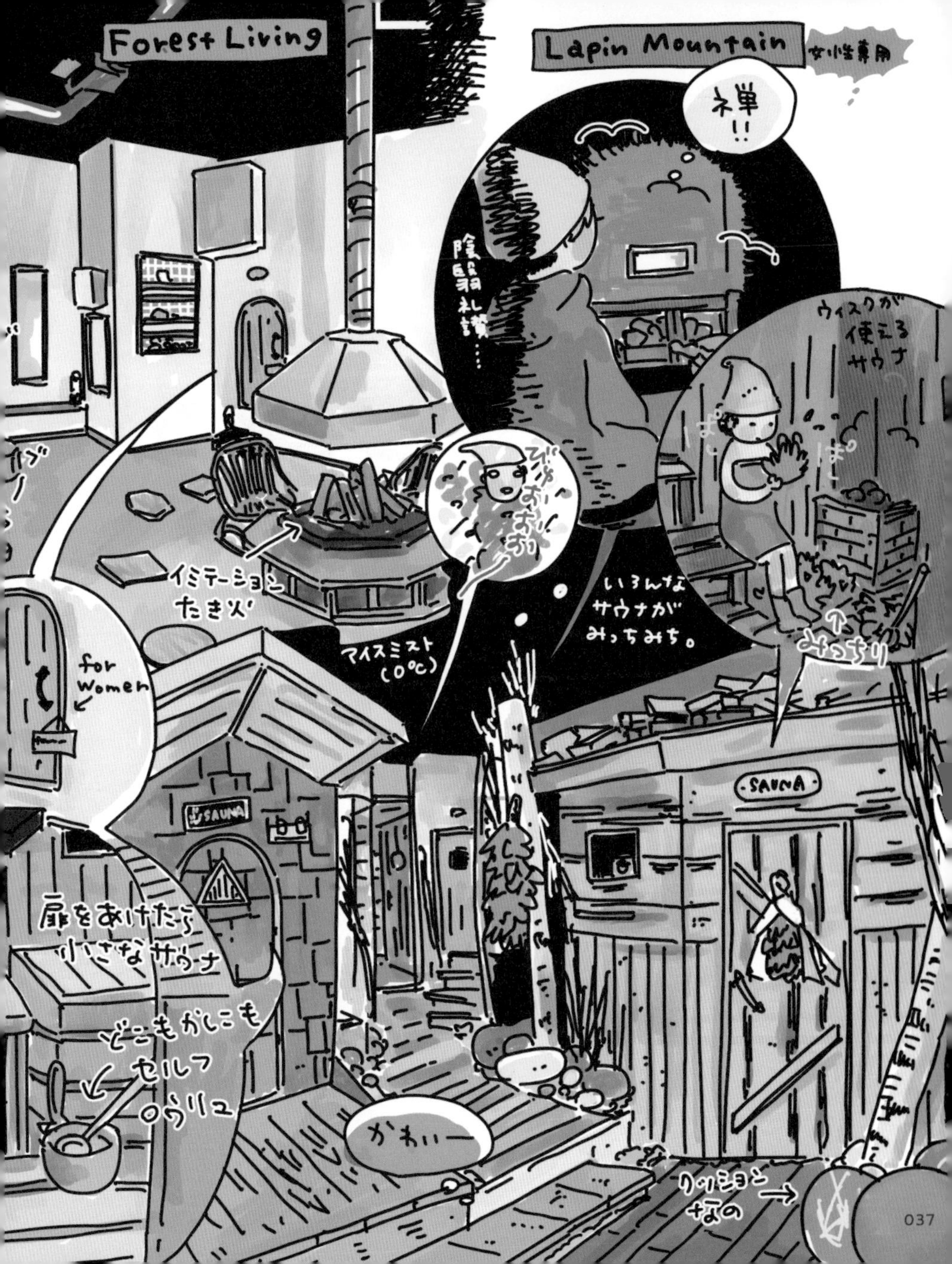
Forest Living
Lapin Mountain 女性専用
禅!!
陰翳礼讃…
ウィスクが使えるサウナ
ぽ
ぽ
みっちり
イミテーションたき火
マイスミスト(0℃)
いろんなサウナがみっちみち。
for Women
SAUNA
SAUNA
扉をあけたら小さなサウナ
どこもかしこもセルフロウリュ
かわいー
クッションなの

SaunaLab Nagoya

SaunaLab Nagoyaでは、ウィスキングを体験しました。

詳しくは後半のレポートをみてね

さわさわ さわさわ

新感覚を味わいたい

愛知 ウェルビー栄

2023年4月、男性専用だったウェルビー栄に女性専用スペース「Forest House」が誕生。ビルの中に巨大な「KIRIKABU」が！ 街の中に森が増えていく。

ウェルビー栄に 女性専用 スペースとな
ウェルビー栄
70℃くらい でせうか。
同じタオルの かぶり方してる
グループ いた(笑)
ウィスク もりもり
ジ…
突然 ストーブ内から オートロウリュの音
カーブの 美しい ベンチ
前室が、お人形さんの お家みたい。
Forest House (女性専用)
切リ株サウナ
入口から もしゃもしゃ
形が切リ株
おしゃれ シャワー→
きゃ
外の水風呂 シングル!! すべた…
ウィスキング用の サウナスペース 使われてなければ入れる
しっぽり ゴロゴロ
Herbal Cold Bath
象!
ハーブの香りの ミスト部屋に 水風呂。 20℃くらいで 優しめ。
プシャ
おっ
Sauna Theater NAGOYA (男女共用・3F)
ものすごい でっかい ストーブ!!
ハニカム タイルかわいす。
シャワーは 奥にもある。
セルフ ロウリュ

岐阜に
来ました
キンキラ
新岐阜サウナ
男性専用なの
レディースデーだったの
ストーブ2台!!
ガス
LED照明
ムーディー
サウナ①
フィンランド風
大部屋サウナ
サウナ②
プライベートサウナ
3室あるよ
3種のサウナ, 3種の水風呂.
1.
寝水風呂
約25c
2.
シングル
水風呂
約7c
3.
スタンダード
水風呂
約15c
セルフ
ロウリュ
かっこいい…
あついお風呂

新感覚を味わいたい

新岐阜サウナ

岐阜

コロナ禍で不安の最中、ある飲食店のオーナーが通っていたサウナ施設が閉店。「これやってみたいな」という想いから始めたプロジェクト。アイデアも、遊び心も満載なのです。

男

SAUNA HAT

NEO GIFU SAUNA

T-shirt

新感覚を味わいたい
京都
ぎょうざ湯
本当に、餃子屋…
奥にすすむ
あ、浜竹さん？どうぞー
どうみても餃子屋
しかし、鍵をうけとり
あ…あの…
アメニティがTHREE
すごいサウナなのよぅぅー
サウナ
脱衣所
水風呂
ドライヤーが
高級な香り
貸切よ♡（予約制）
水風呂サイコー
ロッカー
ラグジュアリー
露天あるよ
14℃!!

四条駅の近くの餃子屋「夷川餃子なかじま 団栗店」。その奥に、貸し切りの浴場。ラグジュアリー空間に、本格的フィンランド式サウナ。え、浴室からビール頼んでいいの？

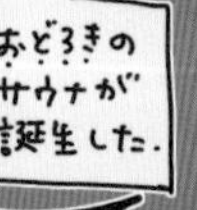

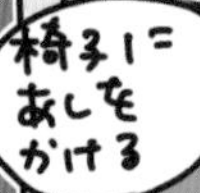

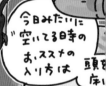

新感覚を味わいたい

SANA MANE

香川

世界的な「アートの島」にあるグランピング施設SANA MANE。「直島らしい体験」を！ 考え抜かれた末に生まれた「SAZAE」は、サウナの概念をひょいと飛び越える。

遺跡の中に
迷いこんだみたい
ほわー…
もう一方
一緒→
ずっと、
天みちゃう
できれば
長く、ゆったり
入ってもらい
たいので
あまり
温度を
あげて
いません
温度も
大事
70℃強
床に
お水
まいてる
外気浴
ストーブには
サイドから
水かける
コレ
最高ですねぇ
寝ちゃ
だめですよ
じゅわぁ
ちゃぽーん
くぼみが
水風呂に
なっている
水風呂
デトックス
ウォーター
わぁー
雲。
うごいてる。

2set目
なぜあそこに石が？
笑
真田さんのサービス精神だった。
お腹ぬくい
すぐ側には瀬戸内海
浮いて
浮くコツ
ぷかーー
とける
ゴボ
ゴボ
ずっ
水中の音…
3set目
おでこだしてー
びしょびしょびしょ
氷水
サービス精神第2弾
ひゃ
最高じゃーー
あがりますかー!!
びちゃ
ちなみに今、10月
もしここが最初のサウナだったら
かんぱーーい!!
ありがとうございます
もっと早く大好きになったろうな

コラム

お水がスキ。

水風呂に入れるようになって
ふーー!
入れた
何コレ超最高やん!!
サウナの楽しさに気づく
すると、サウナそのものより水風呂が楽しみに…
水風呂入りたい
しきじ
そう、サウナの聖地とよばれる場所の重要な共通点
しょぼぼぼぼぼぼぼ…
THE 水 water!!
全身で水風呂を味わいたい
わっしょい!!
ざぶーーん
水がやわらかい
水質に気づく
ちなみにサウナーあるある
しょぼ
14℃
水温がわかる
さあ、名水をあびに行こう
わくわく
ざぶーん

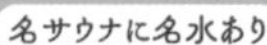

大分県の飯田高原にやってきました

大草原〜

with.夫

本当ね〜

もさもさー

霊泉の秘湯
寒の地獄温泉

もしゃもしゃー

じゃり…

江戸末期嘉永2年に開湯した歴史ある湯どころ

毎分2t、源泉13.14℃、かけ流しの冷泉

ドーン

つまり源泉かけ流し水風呂♡

こっちにも

ココ

水飲み場
胃腸病に効果あり

じょぼぼ

じょぼぼ

おはようございまーす

ガラララッ

今朝1組目ですよ

わー本当ですかー

ゆっくり楽しんでください

ヤバイ

キタコレ

ギャ

昭和3年創業、開湯は江戸時代という九重の温泉宿「寒の地獄」。その名の通り、源泉14℃の冷泉。2023年7月、サウナが完成し夏季のみの入浴から、通年楽しめるように。

名サウナに名水あり
湯らっくす
熊本
泥パック
あるよ
内気浴
スペース
たくさん
壁面に湯らっくすの
楽しみ方案内あり
個性的なサウナが3種!!
その1
アウフグースサウナ
アロマ水で
ロウリュ!
1時間毎のアウフグース
イベント! 合言葉は「爪の先
まで暖まる」!!
じゃんわ〜
ストーブ
2台
もちろん
ウィスクも
あるよ
ビシビシ
え〜香り
瞑想する
サウナーたち
小人の
小屋みたい
からの
アウフグース
ぼふぅ〜
魅せる
技
技が
決まると拍手!
失敗すると
ほほえみあう
パチ
パチ

サウナー西の聖地。「あなたも島耕作」「MADMAX」「THIS IS IT」などユニークなメッセージと、本気のアイデアで進化し続ける。そう、ここは「サウナダファミリア」。

名サウナに名水あり
静岡
サウナしきじ
サウナ好きなら知らぬ人は居ない、The「サウナの聖地」。駿河で育まれた天然ミネラルたっぷりの湧き水がダイレクトに流れ込む。「奇跡」とも称される、美味しい水風呂。
お茶のかほりー
静岡駅。
ふんわり
サウナ しきじ
サウナー憧れの聖地、
サウナ しきじ
きゃーー
男
女
券かいます
ほわーーん
この中にタオルと館内着入ってます
パウチされてる!!
パチーーン
薬草の香り!!
ずぉぉぉ
行ってきまーす
氷のサービス
貸出 サウナマット

水風呂
アクロバットな人現る。
え？
何何何？
キュッキュッ
あ、水の入れ替えです
一日2回完全に水をぬきます！
蛇口があそこになんですよ～
落ちないか心配だ。
しきじ女湯
ジャグジー風呂
もちろん天然水！
洗い場
シャワー
天然ミネラルの溶けこんだ飲めるお水
天然水 水風呂
漢方薬草風呂
こっちでると思ったら こっちでた
塩あるよ
鉱泉の成分と、10種類以上の薬草成分がブレンド
薬草サウナ
ガラス越しにサウナ室
漢方薬の入った袋
漢方の香りに すっぽり包まれる
フィンランドサウナ
Q. なぜ、あそこに鏡が？
A. TVをみせるため
← TVが こっちにしかない。
タイルがカントリー
時折はじまるフィーバータイムに、スチームを逃さんとする人

豊前市に夏の約１カ月間だけオープンするサウナ。山伏や神官が禊（みそぎ）をしていた聖なる水を使った、なんともありがたーーい水風呂らしい。ドライとミストのサウナは、男女日替りですと。

水あそびしてる

キャー

入口すぐに立派な神棚

祝

清水みさと神社？

御神木から湧く神聖なお水そのまま水風呂い

飲めるお水よ。

じょぼぼぼぼ…

水風呂

冷たいのだけど水がやわらかくてずっ――――っと入っていられる。

ドライサウナ

95℃あつい

え――なにこれ――気持ちいい――…

じょぼぼぼぼぼ…

湯船なし！のいさぎよさ

すご――くきれい

一人一枚貸出マット

ドライとミストがあり男女日替り。

休憩所

公民館みたい。

へー

←地元の方

おいしかったよ!!

←しょうがシロップ

"冷泉茶屋"でサ飯セット

ありがとうございました

"水神社"に参拝して帰った。

名サウナに名水あり

カプセル&サウナ ロスコ 東京

駒込にあるカプセルホテル。都会にありながら、地下から汲み上げたミネラルウォータードバドバの水風呂がたまらない充実のスパ。無骨な浴室内装も So cool！

コラム

銭湯これだけは。

銭湯行くのってちょっと緊張する。
例えるならば友だちの実家に遊びに行く感覚
もっと、気軽に行こう！
持っていくもの
小銭
メイクおとし
化粧水とか
実は、この位あれば充分だったりする
タオル貸出
QR決済も使えたり
小っちゃいアメニティ販売
地域や店によって、ルールがあったりもするけど（それも楽しい）
わかんなかったら、見る・聞くで解決
椅子は洗ってもどすとか
あとは気づかい、ゆずりあい
銭湯のサウナ室はとても小さかったり、休憩スペースがなかったりする。
みっちりが楽しい
みんなの銭湯
優しい気もちでゆずりあって利用しましょ！

くじらがのぼりよる
タイルがとてもキレイ

サウナ室
100℃くらい
ブロワーって複雑な気持ちになるね…
照れる…
フオ
ロウリュサービス有
水風呂
ムーディー
14℃
男湯→
炭酸泉
お年寄りもイマの若者も一緒に入ってるねー
ぶくぶく
かっこいい!! お姉さん多々!!
タトゥーOK

創業100年を超える渋谷の銭湯が、2018年にリニューアルされバッキバキに。タトゥーの似合う今どきな若者から大先輩のお姉さんまで、一緒にムーディーな浴室でほかほか。

京都

白山湯 高辻店

濃厚銭湯サウナ

京都は水質のよい豊かな地下水に恵まれた土地。今でもほとんどの銭湯が、天然地下水を使用。白山湯のあっちぃサウナと水風呂は、多くのサウナーのハートを掴んで離さない。

濃厚銭湯サウナ

京都 サウナの梅湯

映画やドラマのロケ地にもなった、観光客にも有名な銭湯。外観からフォトジェニック！ 館内はかわいいものに溢れ、浴室には「梅湯新聞」なる壁新聞。シンパシー感じる〜。

← ちょうど満開の桜

ごちゃ感がいいねえ

くつのかぎ
←鈴ついてる

↑
脱衣所の天井のステンドグラス☆

番台のお姉さんから、入浴時の案内あり。

立派なペンキ絵

男湯 →

サウナ

ライオン

ドドド

顔で水をうけてる人

水風呂

独特なレリーフ

深い

観光客多し

かべ新聞

あつい 90℃強

同じにおいを感じる

ちょびっと縁側もあるよ

みかん水

にぎやかで面白かったよ

濃厚銭湯サウナ

京都 五香湯

銭湯の域を超えた、お風呂の種類の多さと広さにびっくり。珍しく休憩椅子も！ サウナ室もあついのとあっちぃのと2室。これで銭湯のお値段は申し訳ないな、もう少し払いたいわ。

玉の湯

京都

※現在は浴室・サウナ室の一部がイラストと異なります

濃厚銭湯サウナ

京都市役所にほど近いこちらの銭湯はほとんどが地元の常連さん。「あら、あなたどこから来たの？」「ほら、この石鹸使ってみない？」銭湯が生活の一部って、羨ましい。

濃厚銭湯サウナ

広島 yubune

瀬戸内海はしまなみ海道を渡って、生口島・瀬戸田港そば。古い町並みが美しいしおまち商店街に馴染む「銭湯宿」。天井まで届く圧巻のタイル絵に浮かぶのは、島の情景。

スタッフさんの制服かわゆす

旅館なの?

瀬戸田の月夜の情景が描かれた「tsukinagi」

天井まで届くタイル絵は圧巻なのです。

細か――

ほどよいサイズ感

コラム
アツ湯のススメ
42℃以上のあっちいお湯「アツ湯」。
「アツ湯」、好き?
しっ…
実は、私サウナより「アツ湯」が好きなの。
内緒よ
それも、45℃以上のアツ湯
ぎょえええ
熱!!
よっこいしょ
またいで行き来が理想
カラダがしぼられる感覚
冷
水風呂
18℃
を、1分毎にくりかえす、温冷浴が最高なのよ～!
ON REI YOKU
※体調第一、ムリしない!
だけど、理想の温冷浴できる施設はとても少ない…。
アチアチが止まらないの
サウナの熱さになれたら是非!
次ページに温冷浴にもオススメ施設

末広温泉

大阪

濃厚銭湯サウナ

「大阪一熱い風呂」と銘打った銭湯。ここではサウナはデザート、熱湯と地下水の「温冷浴」がメインディッシュ。あちこちに貼られる格言も熱い！　あれ、なんだか体と心が軽い。

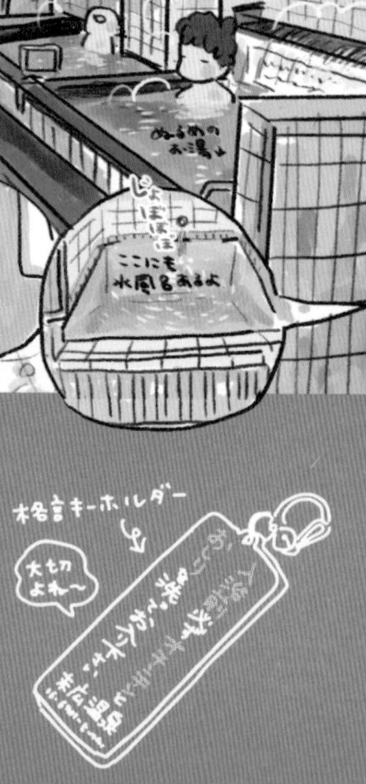

濃厚銭湯サウナ

COCOFURO たかの湯 東京

羽田空港の行き帰りに便利な蒲田のお隣、雑色駅すぐそば。名物は「ミュージックロウリュ」。20分に1回、サウナ室から轟く爆音とともにはじまるオートロウリュ、強烈に……熱い！

コラム

サ旅バッグ大解剖

できるだけあちこち巡りたいから
「より身軽に、コンパクトに」が合言葉。
全部、リュックの中に収めるよ。

電子機器類

迷子になりがちな、小物類は
カテゴリー毎にまとめて。

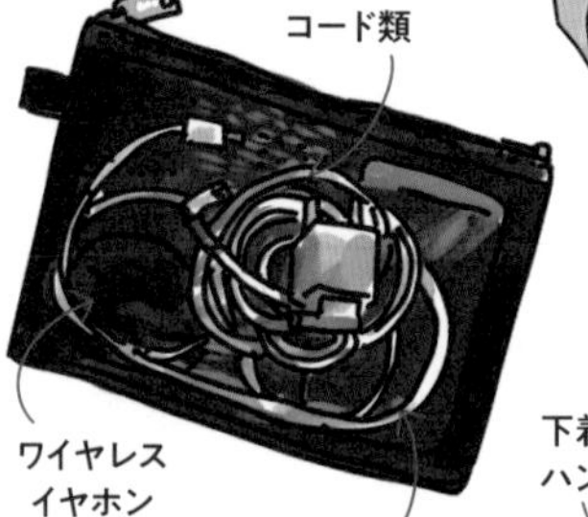

折りたたみ傘

軽くて丈夫な折りたたみ傘。晴雨兼用だと、
炎天下のサウナ巡りも快適。

リュック

脱衣所や、カプセルホテルの
ロッカーに収まるサイズが楽ちん。
このリュック、もう10年選手でボロボロ。

下着、
ハンカチ類

着替え袋

着替えは多くて
2泊ぶん。

化粧ポーチ

パック
現地調達しがち。

歯は大切

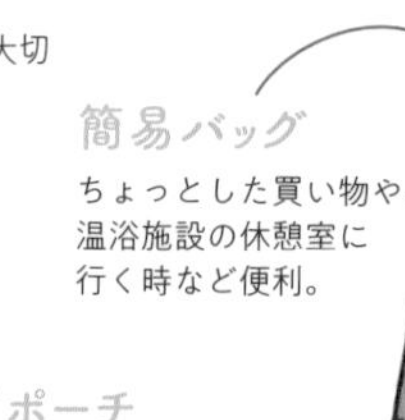

MOKU Hair
ターバンにしたり、
サウナハット
代わりにしたり。

まとめてポーチ

洗面具周りはまとめてこの中に。

簡易バッグ

ちょっとした買い物や、
温浴施設の休憩室に
行く時など便利。

サウナグッズ

いつもの中身から、より厳選!

サウナめがね

洗濯ネット
コインランドリーでも活躍。

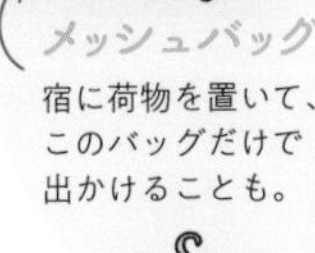

メッシュバッグ
宿に荷物を置いて、このバッグだけで出かけることも。

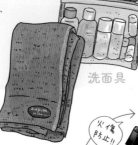

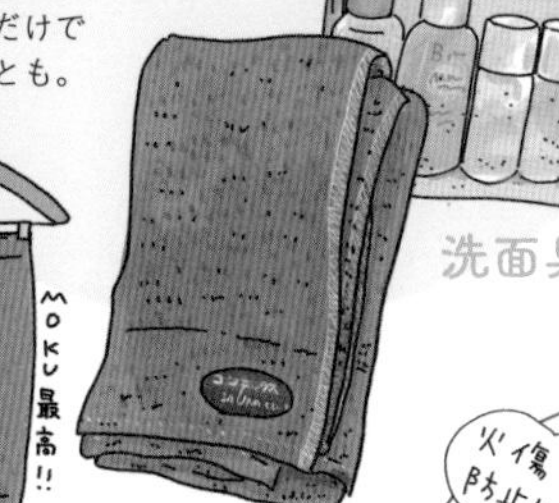

夜洗って干しておけば、朝にはパリッと乾いてる
MOKU最高!!

洗面具

MOKU ワイドロング
これ1枚で充分。アウトドア系サウナに行く時は、もうひと回り大きい「L」を持って行くことも。

Plus!

アウトドア系サウナに行く時

いつものサウナグッズにプラス!

サウナハット
テントサウナなど、薪を使ったサウナは高温になることも。必須!

濡れもの袋

火傷防止!!

水着
留め具が金具やプラスチックのものは、熱くなるので避けよう。

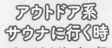

サウナパンツ
履いたまま水に入ってもすぐ乾く。露出も抑えて、普通に着替えとしても履けるのが嬉しい。

アラフォーの体型カバーにもよいね!

荷物を減らす3大アクション

便利なサービスはとことん利用する

1 貸しタオル
温浴施設にはタオルの貸出(有料)が大体ある。ありがたや~。元から入浴料に含まれているところも。

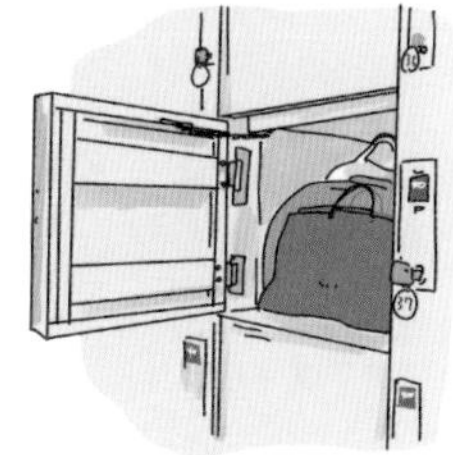

2 コインロッカー
施設のハシゴをする時、結構歩くことも。荷物が軽いと心も軽いのよ。

3. コインランドリー
2泊以上の旅では必ず利用。銭湯に隣接していたり、カプセルホテルに設置されていることが多い。

吹上温泉保養センター白銀荘

北海道

※混浴エリアのみ

家族で行く、冬の北海道、「もう、あそこしかないよね」。白銀に包まれた上富良野の町から、さらに雪深い十勝岳の山道をバスで上る。サウナー「北の聖地」へ。

びゅーーん

と、来た
北海道の真ん中
旭川

THE
白い!!

空港から
バスで
上富良野

ありがとう
ございました～

※え、ここで?という所でおりる…。

JR上富良野駅

早めの
夕ごはん

お宿に
ご飯
ついてないの。

元気!

いらっしゃい!

こんにちは

すぐ頭に
雪つもるよ↓

駅から
歩いて3分
くらい

寒くカラス!

夫

子

私

第一食堂さんも
サウナー御用達ね。

豚汁定食

すごいボリューム。

向かいで
パンも

1日3本!

駅前から再びバスに

上富良野と
きいただけで
サウナーの皆様は
どこに行くか
わかるよね～

さあ
行くよ!

十勝岳は
標高2077
の活火山
吹上温泉
白銀荘

ゾゾゾゾゾゾ
ヴィ…
つまり、バスは
雪の山道を
のぼる
こと、30分
深ー…
標高1200m付近に
目的地、十勝岳温泉郷
↖攻めがち
吹上温泉
白銀荘
とりあえず
写真撮るよね
浜竹さん
ですね？
おまちして
おりました
お世話に
なります
ほか
ほか
わあん
きたー
北の聖地
HAKUGIN SOU
白銀荘
です！
↖床暖ぬくー…

浴場
すぐ風呂行くよね〜
ヒバ材をふんだんに使用した
開放的な内風呂
白銀荘
ラブ〜♡
下におります
LADIES
女湯
サウナ室
ドア重い〜
ぬるめ
ぶくぶく
あつめ
サウナ室
お風呂みえる
水風呂
ひょ〜
じゃんじゃん
↑水風呂すぐ側
80から90℃
セルフロウリュすんごい鳴く
砂時計2つ
5min
寝湯うた

男湯→
うわぁ〜
シングル〜
のめる天然水
シャワーも有
白銀荘のおまけだよ。
海外から、たくさんのスキーヤーがきてた
コンニチワー
その辺をさくってのぼって すいすい すべってる
雪質がよいそうよ
残念
・朝風呂(6〜8時)はサウナ入れない
・wifi弱め
朝ウナ
雪だるまもつくれないパウダースノー
サラ
サラ
ソリをかりてあそびました
キャ
まつげもまゆげも凍る。
夏はキャンプ場もあり。夏も行ってみたい!!
部屋は和室でした
ぬくー
トイレ、洗面所は共有
布団は自分で敷く
食事はついてませんが共有の炊事室・食堂付
調理器具食器あり
うまそう
山もり
Tシャツ
Pan cake
山小屋だもの
食材などの買いだしは十勝岳にのぼる前にすませよう。
どっさり
アメニティなどついてません
必要なもの
・タオル ・洗面具
・部屋着←大事
・食材!!
雪ぶつけられた人。
シャンプー・ボディソープはついてる
うれしい
・PayPay使える
・大人1泊 3,100円
※2023年12月現在
売店に、アイスやカップ麺あり
ズぉぉぉ
自販機はたっくさんあるよ

2、3度
蒸されましたら
行こう
氷点下20℃の
世界へ
柔らかさチェック
もふ
露天風呂
サウナマジック
で寒くない
キリッ
メインの道は
お湯でてる→
手すり、
凍ってる(注意)
THE
雪ダイブ
…
モフ
イタイ
イタイ
キャー
ポロ
ポロ
ポロ
おっこ型
どぼ

いざ
白銀荘は、どうしても子どもと来たかった
脱衣所に、入口があるよ
男湯
露天風呂が男湯・女湯だけでなく
男女混浴の大露天風呂があるのです！
女湯
どど——ん
おかあさ——ん
広——い
温泉プールだな
……フワフワ雪が層になってる
滑り台もあるけど
凍ってんな…コレ
冬はムリね
水深1m
40℃くらいで長く入れる
雪ダイブ
雪だまつくり放題
雪をくずした男
あっちいいナー！
太郎ー
雪がふわふわでかたまり
お湯に沈めるとかたまる
タオル凍る
永遠にあそんでられるわ
男児とも入れる♡
こうみえて楽しい
吹上温泉保養センター 白銀荘
雪ダイブした足跡が翌朝ものこっていました。
前からダイブ
後ろむきダイブ
雪つもりすぎの照明

大沼気仙沼
人情まみれのサウナ旅
気仙沼市唐桑半島の民宿「つなかん」。女将・いちよさんの温かな人柄と、溢れるもてなしの心が、たくさんの縁を繋いでいく。2023年7月、念願の「つなかんサウナ」が誕生。
宮城
唐桑御殿 つなかん
私が、つなかんに来た理由
早速、行きますか
新幹線で一関駅、そこから、大船渡線に乗車。ゆったり電車の旅
のどか〜
終点、気仙沼
タクシー
サササ…
すぐさまタクシー乗車
唐桑半島の鮪立まで
車で30分、
山道でもいい？
おまかせします！
※唐桑御殿とは、この地区でみられる、入母屋造の日本家屋の総称。古くから、遠洋漁業が盛んな地で「漁師御殿」とも。
デデーーン
唐桑御殿 つなかん
看板も立派
唐桑御殿※ つなかん に到着
立派〜!!
海と、山に囲まれた集落 鮪立
ほぉ〜
海と山の間に大きな壁が。
防潮堤
すぐ、むこうは海
こんなに海が近いのね
ごめんくださーい
ハイハーイ
浜竹さん
ここは、こちらの女将 菅野一代さんが 2012年に始めた民宿、
ボランティアの皆様
よく来てくれました！
疲れたでしょう？
2011年東日本大震災の復興時に交流した人々との縁で生まれた
しっけてるわね〜

もちろん
サウナ
薪を集めて
さっきね〜
雨ふっちゃったから〜
しめってるとね〜
出会って数分で
一緒に火おこし
ぱち
ぱち
ついた
サウナトースター
移動式サウナ。ウェルビーの米田さんが2016年に持ってきたご縁で、今は「つなかん」に。
熊本地震のときは、熊本でボランティアさんたちの癒やしに。
車でひっぱる
30分くらいで
あたたまるよ
ぶぉ〜
30分経過
羊毛フェルトのサウナハット貸出
かりた
ウィスクもあり
水着着用!
Let's!
サウナトースター
失礼しまーす
ぶぉぉ〜

じゃんおお…
あっ
よっ
しっかり。
90℃
トースターそばのコンテナの中に水風呂。
ほかほか
ベル
砂時計
の、水槽
これは魚市場でみたやつ
お魚気分だね
水温計も
お魚のだ
ざぶん
防潮堤がみえる
テッテレー
ボヘー
なんか幸福だねぇ
むつこさーーん もうすぐご飯よーー
は!!
おかえりなさい!
そこ座ってー
ビール飲める?
おみそでいためるのね〜
唐桑御殿つなかん
自分で火入れしてみる
上からみる
薪は井型に組むとよいよ。
の、このスキマの所に新聞紙や、木片や枝など燃えやすいものを入れて火をつける
スタッフさんの指示に従って安全に!
ぶおー
パチパチ
井型の木がパチパチ鳴ったら火入れOK!

かきフライ
この鮪はね
弟がとってきたの
船頭なのよ
うわー
うふ
みて♡
気仙沼ホルモン
(取材時9月)
Q.かきって冬が旬じゃないの
パカ
うわ!
でっかいかき!!
ぷるん
鮪のお刺身
ほたて貝柱のにゅう麺
甘いわねむつこちゃん
A.冬をこえた6月が栄養たっぷり&ぷりぷりよ
を、-60℃で冷凍☆ぷりぷり
はいここにご飯!
つなかん名物
かき焼飯ね
うんめ
あつー
今日は飲みましょう
東京からのお客様
日本酒すき?
ででん!!
ワハハハ
鮪立の夜はあついねえ…
釣りに来られているそう。
こちらの方3ヶ月毎にきてくれるの
刺身いるがい?
つまみ
寿
いただきます
じゅう
陶板焼きにしてー
あら、もうビールないじゃない

翌朝、周辺を散策
つなぎ丸
ツリーハウス！
静かな海辺
赤い屋根し えんとつついて
お
つなかんサウナ
津波をまぬがれた小屋を「海の見えるサウナ」にしたい！クラウドファンディングで資金を集め、2023年7月に完成
以前は民宿からも海が見えていたの
きゅるりーーん
鮪立の山並が描かれている
でも防潮堤ができて
窓から海が見えないの
2Fへ
ココは更衣室
か…
かわE♡
東北ツリーハウス観光協会
ツリーハウスつくった方がデザイン・製作されたそう
さあ2Fがサウナ室よ

唐桑御殿つなかん

つなかん、
すぐ側の丘にて

地震があったら
津浪の用心
昭和八年三月三日

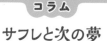

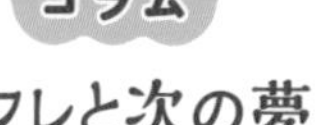

サフレと次の夢

サウナに一緒に行く友だち
通称 サフレ
(サウナフレンドの略)

私のサフレは2人だけ

かわせさん

こうみえて、人気飲食店のオーナーシェフ。私にサウナを推した人。あまのじゃく

なかなか、水風呂に入れて、お酒のめて、テンションの合う女性が身近にいないのよー

この3人でサウナに行くと

分かれちゃう♪

じゃ

女 男

あべさん

バーのオーナー めちゃ面白くて優しい。

仲良し

2人とも福岡

私、岡山。

と、なってちょっとさびしいのが難点。

私もちOこほしい

最近嬉しいのは、夫もサウナにハマったこと。
家族でサ旅も行けるし

ホームサウナも夢じゃない!!

休日はサウナ!

この位のサイズいいねえ

見学に行った

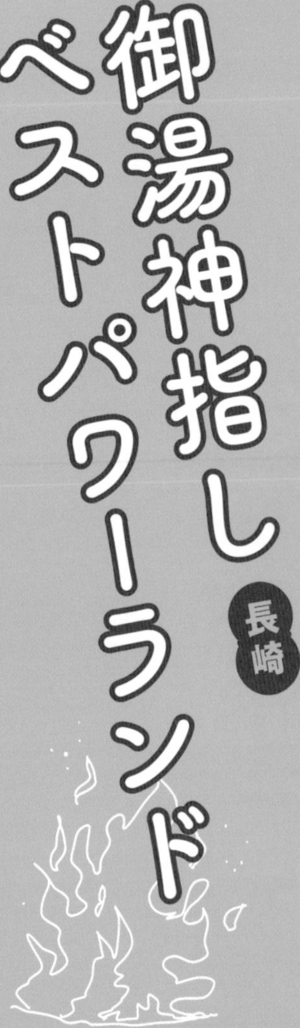

御湯神指しベストパワーランド
長崎

諫早市の山奥に「いのちのサウナ」と呼ばれるサウナがあるという。災害級の大雨の中、協調性のない大人たちは果たして無事に辿り着けるのか。そして「いのちのサウナ」とは？

さはや
諫早に
バイサウナが
あるときき
digっといて
草薙
「サウナ語辞典」
著者
福岡から
車で2時間
この辺
行ってみるか〜
そして集まった
サウナ好き
川瀬さん
あべさん
ベイダーさん
初対面
行きたい
運転する!
ザ——
日頃の行い
の悪い人たち
はい
災害級の雨ね——
大丈夫…?
フルけたー
御湯神指し
おんゆかみさし
ベストパワーランド
無事、インターを
おりまして
一車線〜♡
あ!
海みえますよ
諫早湾?
お願い
前みて
山を上ります
ついた瞬間
再びザ——
すぐ戻う
神に
拒否されてる
神々しい
あら!
あらあら
大変
でしたね
いらっしゃーい
こんにちは〜
御湯
神指し
回数券
をすすめ
られてる
丁寧な
おむかえ
ストレンジャー
シングス感
お金を払い
サウナ
ライ
ライ
男女で
分かれます

お食事処もあって、
うどんや、長崎名物の
ちゃんぽんも食べれ
るんですって。
行きたかった(泣)

中には
巨大な窯
麻布を
かぶり
はい
行きますよー
はい
頭さげて
窯の中に
入る
熱気
来る…
はい・真ん中に
火
最初は
うつぶせ
から
モゾ
じゃあ
時間に
なったら
呼びますねー
熱かったら
火に背中
むけてねー
はいー
足元
照らして
ますから一
パチ
……。

麻布ごしに火がみえる
なれてきた
モゾ
焼物になった気分
いらんことばかり話してる声がする…
なんか俺らの布めちゃボロくないですか
絶対そうだ
そう！汚ないの選んでた!!
ボッ
真偽
…っていうかけむたい…
沈黙浴!!!
かわせみ
おーい！むつこー!!
あ
男たち
薪
女性ゾーン
上からみた図
やっぱり
時々スタッフの方入ってきて
薪をくべる
火力あがる
ポイッ
3名様時間ですよー
じゃあむつこ
ぞ…っ
マジ？
14:30リミットだから
あと1時間じゃないか
あべさんのサービスあり
キャ
ハラッ
10分たつと呼ばれます
はーい
時間でーす

体を洗い
休憩
水のんで
再び サウナ
2回目が終ったら、すぐさま漢方燻蒸
← ついてないコースも有
ほか
ほか
中はこう!
おまたがあちち
パカーン
穴があいとんの
もえる薬草
ありえん滝汗
汗かき?
30分
汗かきプレイ
あるあるあるいいわねー
上手に汗かいてる
汗かき?
ふけない
↑一生ぶん汗でたよ。99分
30分たちましたが
まだいけるわね
まさかの延長
あと10分いける
↑体調や天気に合わせて調整されるらしい。
協調性おいてきたんか?
お連れの3名様さっき燻蒸はじめたの
サウナ2回目あとに休憩しちゃったのよー
言ったのにー
すいません
漢方燻蒸は2回目のあとすぐよ!!
……してません
休憩しましたよね
ウソついた

ゆであがりました
ホカ
ちーん
ホカ
ホッ
シャワーをあびたら再び(3日目)
やっと水風呂!!
ザバーッ
ん?
思ったより優しめだった
意外だね
本来であればここで大休憩ながら
14:30リミットだから
でなぜなら夕方からシェフするから
やばい!!
休憩せず
化粧むり
チャンポン食べられず
うまいらしい。
すうよねー
ごめんなさい
飛びだすこととなりました
さようなら
御湯神指し
帰る頃には雨おちついたよ。
バタバタ来てごめんなさい
車内でコンビニ飯
なんか車中臭いすねー
楽しかったねー
帰りに運転してくれるベイダー氏
グルン
ぎゅーん
お腹すいたーー(14:40)
※サフレ…サウナフレンド
こうして、私たちは都合のよいサフレとなった※
サウナでーへ云、てサウナで別れ
わーーすごい渋滞ーー
終

コラム

旅するサウナ「サバス」に蒸車してきた話

岡山 パブリックハウス アンド サウナ 久米屋

美作市の小さな集落・中右手にあるゲストハウス。築100年を超える古民家の蔵を、本格的なスモークサウナに。フィンランドの伝統的なサウナを、ここになぜつくったの？

with. 夫と子

あ、こんにちは

浜竹さんですね

丸山さん

ーーん

ごめんくださーい

なにコレー

子→

お世話になります!

そして、こちらの蔵がサウナなの

たろー

もう入れますよ

水風呂

それも、本格的な

スモークサウナ

おおお

地域おこし協力隊として、東京から移住した丸山さん。

ゲストハウスを運営する中、蔵も使えないかと考えた

蔵のサイズとぴったり!!

!!

コレダ!!

とある本と出合う

↑オールドスモークサウナ 著：中山眞喜男

森

雪

サウナいいかも!!

環境がフィンランドとにてる!?

丸山さん、大家さん近所の木工職人さんの3人で

DIY

1年かけ、つくられた

フタがDIY
お鍋がバケツがわり
細かいところまでDIY。
なんかかわいい…
DIY

入った瞬間目にしみた煙の気配
しみ〜

こちらは前室
手づくり感がかわいい。
まど
あつい時あける
シャワーもある
ディテールたまらん
入口
おしぼ〜
手づくりシロップ、メープル、ハーブ
500ml
空間全体にのこるスモーキーな香り
暗闇と静寂

サウナストーンは近くの川で採れたもの

じゅおおおお…
これも手づくり
目がなれてきた
なんて心地良いんだろう
鍋!
近くで自生してる

クロモジで作ったアロマ水

天井にファンがある
薪を燃やし、室温を上げ、充満した煙を出しきって入る。
「キング・オブ・サウナ」と呼ばれるフィンランドの伝統的な手法
を、アレンジ。
準備に6時間程かかるそう
パチ
パチ

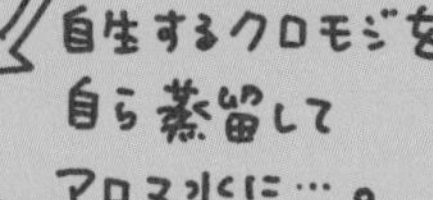

自生するクロモジを自ら蒸留してアロマ水に…。

ここまでやる!?

滞在中、3回サウナに入りました。

15時
煙が目にしみた
あちぃー
→
20時
煙おちつく
一層静かでおちつく
→
翌朝7時
温度も優しく、ずっと居られる
ほか ほか

二ノ丸温泉

和歌山

※「森のサウナ」は水着着用・予約制

紀州・湯浅、山田川に沿って建てられたログハウスを中心に、四季折々の風景、温泉、サウナ、ご飯にお酒ともりもり楽しめる温泉施設。ここは一つ「瀧」にうたれときましょう。

紀州 忍びの湯
二ノ丸温泉
に到着
和歌山だもの。
まだ青々したみかんがぎっちり
ぞーーーん!!
まずは 本館から
少し下って
サウナ小屋
じゃあ水着に着がえて
館内着とタオルケー
水着忘れた
ガーン
おぉ…
フンドシあるよ
アナタは裸でいいよ
レンタル水着もあるそうよ
五右衛門風呂
薪風呂
インフィニティチェア
ずら〜〜っ…
サウナ小屋
に入ります

さあ・サウナ!
イエーーーイ…
熱波師アベによる・熱波サービスイ付
ばふっ
トントゥ
激つよIKI
♪
イケイケBGM〜♪
前室にスピーカーBluetooth
小物のデザインがかわいい
しっかりあたたまりましたら
下におりますよ〜
あーっ
じゃぶ
じゃぽーーん
じょぼぼぼ…

二ノ丸温泉
卓球、ありロ!!
瀧でございます
滝のあたり結構深い
じょばばばばば
枝くれる人
いいなあ
ほら
浸けないん
ぼーやり…
新風呂
この辺でわかしてて
底があつくない
優しい
3人入れるよ
キャー
あーそれじゃあ失礼して
熱いの平気
あづあづ…
動かないでー
熱め(44~45℃)
大丈夫かい?
ホラッ
あ
ドンク
大丈夫
あぶないあべさんにトランクした。
すぐのむ
おされな五右衛門だね。
カメラを向けられるとすぐポーズをとれる人々。
女の子だねー!!
便サン
すやあ
ズラーーーっとインフィニティはありがたい。

まずは1階
美肌の湯
さて、ひと休み後
本館のお風呂へ
ルンルンルンルン
森林〜
さわさわ
なんと、
露天が熱湯
瀧につづいてる
ひゃー♥
湯冷浴
オススメ♥
ざざー
大開放
の、これぞリバーサイド
←山田川
というそう。
まっ裸で
森林浴
の開放感よ。
ぬるめの
90℃強
サウナ室

お風呂からあがりましたら
腹減った〜
ほか
ストライク軒
二ノ丸温泉店で
サ飯
絵がカワイイ
ストライク
涼しかったので外のテラスでたべたの ね
ラーメンもあるよ
食べる〜
つけ麺ね
私だけ腹いっぱいたのめず
うん うまい
食うか?
テッテレー
ごくたまに優しい
というか
サ宴会
味変にしらす
宿坊あり
その後卓球して
おいしいよう〜
みんな、一口ずつくれた
また風呂入って
寝て
カレーもあるよ
パラダイス
な、体験でした
朝
また来てね!
また風呂入って
みかんのアイスやジュースも最高!!

二ノ丸温泉

サウナ de 珍プレー

あちこちサウナに通っていると、マナーを超えた様々な珍プレーに出合うことがあります。実際に遭遇した珍プレーたちをご紹介。

タオルをつけて冷やす人
新型文学少女
タオルは水につけないよー。
バッシャ
出入口あけとこ
場所とり
ここにもいるー
全開の人
隠す所まちがってる。
イエーイ
不衛生だし、ゴムがのびちゃう。やーめーてー
ロッカーキーをヘアゴムにする人
撮影する人
言語道断
水から泡からとばしまくる人
自前氷を口に放りこむ人
誰!?
おいしい?
脱衣所でも…
ぶおー
裸で座る人
お…おしりが…
スマホをみる人
盗撮と疑われるよ
私も気をつける
珍プレーに気をつけて楽しいサウナライフを!

岐阜でどうしても行きたかった所
各務原に来ました
入口から
ムーディ〜
天井高〜い
天然水の水風呂
水源に近い
20℃……
サウナ室
男湯
かけ湯
水のみ場
水風呂
電気 ビリビリ
オートロウリュの頻度が高い
水土日のみ生ハーブロウリュ♡
ぶく ぶく
今日は月曜

めくるめく植物パラダイス

岐阜 恵みの湯

岐阜に古くから伝わる薬草文化に寄り添い、恵まれた水と、自社栽培の薬草をふんだんに使ったお風呂やサウナ、食事が楽しめる。日本一薬草とハーブにこだわった温浴施設。

※2023年8月の改装で薬草眠り湯が4つに増え、形が変わりました。

ハーブ園や、工房がいっぱい

外気浴スペースもしっかり

ボ〜

フットレストついたトトノイイス

ねむり湯

ええ香り〜

ハーブやサウナに関するグッズが山もり

薪ストーブからはなれられない

生よもぎがもさー

ご飯もおいしい

もうビールのんじゃう

恵みの湯 岐阜
～秘密を知りたい編～
再訪
もっと知りたい!!
ハウスの中で
20～30種
ハーブを育て
います
地元LOVE
左2列は木曽川
右は長良川の石
が使われいる
1年ぶりに
返ってまいりました
でてん
また来たよ～
薬草とハーブについて
とことん触れたく、
恵みの湯
再び!
ようこそ!
お待ちして
おりました
なんと、今回
星山社長夫妻
直々にご案内
いただきます
代表取締役
星山 道弘氏
星山
千穂氏
実は
このイトスギも
いい香り
1996年に岐阜県・各務原に
オープンした「恵みの湯」。
天然水「御前水」と、自社で
育てた薬草、ハーブで人気の
温浴施設です。
岐阜県は太古より薬草やハーブ
が多く生育する地ではありましたが、
開業当初から今のように
薬草を使ってはいなかったそう
では、日本一薬草と
ハーブにこだわった
今の恵みの湯は
どうやって
生まれたの?
こちらは
2022年10月に
できた工房です
02 FACTORY
01 FACTORY
GREEN HOUSE
GARDEN
ハーブの加工や
調理、
ワークショップ
などが行われます
まずは
ビニールハウスで
GREEN HOUSE
ハーブを
つみましょう
私も参加しまーす
03 FACTORYは館内にあるよ。
フーチバー
沖縄
ミントも
いろいろ
あるの
モヒートミント

これから紹介するので好きなハーブを選んでください
SCISSORS
少し・水入ってる
CUP
これ食べてみていいですか？
いいよー
もしゃ
ローズゼラニウム
もしゃ
もしゃ
ローズマリー
もしゃ
パインゼラニウム
もしゃ
マジョラム
トウキ
選びきれない
もしゃ
もしゃ
セージ
ソーセージ
もしゃ
外にもありますよー
一つひとつ香りをかいで選びます
さわって・かぐ
くらくら
オレガノ
パチュリ
もしゃ

外にも
ハーブたっぷり
ハーブブーケ
ができました
こちら、
あとで使います
01 FACTORY内
えー!!
ローズヒップ
食べて
いいですか?
いいけど…
マズイよ
20種
くらいあるそう
もしゃ
お茶に
しましょう
調理室
実験浴槽
ブレンド室
乾燥室
レモンバームと
レモンバーベナ
のお茶でーす
どうやって育って
いくのか
みたい!!
いつから
ハーブの
勉強を?
後半の
勢いすごすぎ
ませんか?
もちろん
薬機法
クリア!!
キラッ
2010年
突然の相談
Web
ショップ
つくって
社長
↑未経験
売りたい
入浴剤が
薬機法で
NGだった
入浴剤
つくりたい!!
2015年頃、
自宅で育て
はじめる
2018年、
畑購入
2022年秋
01~03
FACTORY
完成
でででん
いいもの
なのに
そこで
どんなハーブが
入浴剤に使えるか
勉強してみた
ドドドドド…
メディカル
ハーブ検定
今では
オリジナル
入浴剤が
こんなに
たくさん!
ぱぱーーん
生薬の
お風呂

恵みの湯〜秘密を知りたい編〜

店頭で販売されてるよ。

ハーブポケットのついたサウナハット
SANIBO
は恵みの湯オリジナル

めくるめく植物パラダイス
岐阜
田辺温熱保養所
昭和21年、大垣藩の蘭学者が考案した皮膚治療装置から着想を得て作られた、田辺家秘伝の「薬草樽蒸し」。「薬草の宝庫」伊吹山の薬草を用いた蒸気で身体を温める温熱施設。
TANABE
ONNETSU
岐阜県 JR大垣駅より車で10分。
ここ?
立派なおうち
もしゃ〜
もしゃ
はい いらっしゃい
おはようございます
ガラ
ガラ
脱衣所
はい ぬいで!
あとは私が教えるよ
ここから男女別
お会計をしたら貴重品を預け
休憩室へ
はい あなたはここね
あそこに枕もあるから
毛布
荷物はここね
10
田辺温熱
はい
はい あなたのお茶は10番ね
よろしくお願いします
←ここは男湯
まずはかけ湯してねー
パシャー
かべにあり
タオルかけはここ

浴室中央に
高さ4mの
巨大な樽
湯船は
ありません！
ハイ
シャワー
はココ
樽の中では
すわらないで
ください
シャー
シャンプー
石けんも有
パカ
むわっ…
浴室いっぱいに
広がる蒸気と、
薬草の香り
イス使ったら、
下の段で
お湯かけ
てねー
でてきた
ええ香り♥
行き
ましょう
ハイ

暗闇の中で
深い蒸気と
真っ黒
いい香り
失礼しまーす
レモングラス？
壁に向かって立っててね
入れますか？
あ、でまーす
あつい結構あつい
身体がかたい
薬草の香りに包まれる
かろうじて扉の小窓から光
時折水滴おちる
あちぃ
まか

れは
べる
出入口が
おしりの
高さ
今いっぱい
でーす
毛布→
使った
毛布→
休憩室の
あれこれは、
セルフ
サービスだよ
お茶を持って
いくとき
お盆ごと移動
カタ
カタ
でまくら
で使ったまくら
3度 蒸されまして
大休憩
ほか
ほか
これって
あら、
おつかれ
さま
Mint
Thyme
Orega
グッズがめちゃCOOL
全部入って
るんですか?
基本は
8種類
いえ
いえ
Herbal Barrel Steam
伊吹山の
ふもとで採れた
薬草を調合して
薬草の宝庫
伊吹山麓の
揖斐川町春日地区
では生活の中に
「薬草文化」が
根づいている
2回目以降は、
薬草床蒸しも
体験できますよ
今日は
どんな香りが
しましたか?
今は
ラベンダーですよ
さっき
足しました
また
来ます!!
自分たちで
育てたハーブを
加えているの
レモン
正解!
レモングラス
いったん 終

岐阜 田辺温熱保養所 ～よもぎ蒸し & 薬草床蒸し編～

再訪

※よもぎ蒸し・薬草床蒸しは2回目から（よもぎ蒸しは女性のみ）

岐阜県、大垣市

樽の蒸気風呂"薬草樽蒸し"の田辺温熱保養所

ほわ～

ぱかーーーん

かえってまいりましたー

伊吹山麓の自家製薬草のめぐみ

2回目から利用できるメニューを体験すべく

浜竹さーん

鈴木さーん

準備できましたよ

裸になって
・汗ふきタオル
・のみもの
もって、こちらへ

私ちょっとトイレ行くわ

ダダダダダ

90分くらい要するからトイレ大事ね

脱衣所で服をぬぎ

ズバッ

浴室

コチラへ

休憩室

薬草の効果をより、ダイレクトに

失礼しま～す

どうぞー

より、ディープに！

本日は、よもぎ蒸し＋薬草床蒸しの＜90分コース＞です

まずは、よもぎ蒸し
この穴のうしろにおしりをのせて
またいで体操ずわりしてください
タオルかけるね
穴あいてる
スポン
さらにケープをかける
香りじゃー
そして、穴の上にあぐらかいて
ほか
ほか
ほか
膣の真下に穴がくるイメージね
膣!!
30分そのままね
ほか
ほか
中はこう
よもぎのかほり
時々水分とってね
穴の下では薬草がぐつぐつしております
お股があつく
でこの中に薬草ある
あの方ね夏に初めてここに来た時普通に歩けなかったのよ
あれ?
なんか先に行っちゃいましたー
じゃ!私、先に行くわ
あっという間の滝汗
25分ほどした所で
え!?早っ
まー
元気になってよかった
足しびれた
で穴の位置をかえてる
よもぎ蒸し
薬草床蒸し
↑
薬草樽蒸し
もサービスに含まれているよ
CAUTION!!
注意!!
よもぎ蒸しは、女性限定!
次ページの薬草床蒸しは男性も利用できるので
2回目以降の
ご安心を。

汗を流して
ざぱぁ
リセット
つづいて
床蒸し
ほこ
ほこ
腰のあたりに穴がくるように寝てね
あとは、ももとかお腹とか
気になる所に蒸気をあててね
パチン
タオル
体勢かえてねー
これを60分
常連さんいわく ひざたてると
中で蒸気こもる
ほか
シャワー
シャー
ぽか
ぽか
ぽか
ぽか
ぽか
ふあああああああ
心の声
全身、ぽかぽか あたたかいのが
またきてねー
ほか
また来まーす
ほか

田辺温熱保養所の HOW TO

2023.11月現在の情報です。

1. 予約制です

Mail or Tel

大きな施設ではありません。
必ず！予約をして行きましょう。

2. はじめての利用の方へ

- 初回のみ 3時間半内の利用
- 薬草床蒸し よもぎ蒸しは2回目から利用できるよ。

もちろん樽蒸しも入れる。

3. アクセス

ムム
しっかり調べて！
約5km弱

JR大垣駅

BUS 20min + WALK 10min

WALK 45min

TAXI 15min 2000円くらい

途中、朝日屋という手もある
P.25でcheck

住宅街の中なのよ〜

4. もっていくもの

貸出はありません！

タオル（2枚ほしい）

ビニール ぬれもの入

忘れがち〜

現金 支払いが現金のみなの

小腹へる 軽食

売店などありません

のみもの お茶のサービス有 でも足りんよ

化粧品

ウエストゴムのやつ リラックスできる服 モンペやジャージ

あと時間の余裕

よい体験を〜

TOH-TOTE BAG
かっこよいオリジナル商品は店頭販売のみ。買っとこ。

田辺のご主人が買ってくれた
うまー
帰りぎわ、大垣駅の近くで食べた、抹茶ソフトの味を私は忘れない。

コラム

ウィスキングのススメ

ウィスキング 愛知 in SaunaLab Nagoya

古屋の中心部
栄にきたよ

ガチビル

のみ屋まみれ

ビルの8階

8F
7F 座敷28酒

でででーーーん!!

トナカイ

ハイ来たフィンランド──(風)

白樺

サウナハット

エレベーターおりたとこ、

マリメッコ

サウナラボ
SaunaLab 名古屋 Nagoya
に来ました!

おはようございまーす

しかも、今日は!

サウナリトリートプランをうけるの♡

あ

すんごい白樺とウィスク

きゃるーん

妖精来たー!!

SaunaLab

サウナリトリート とは

「ウィスク」を用いて行うリラクゼーショントリートメント
ウィスキングプログラムのことです

バルト三国やロシアを中心に広がるサウナ文化

ウィスク

おうさ!!

都会の中心で葉っぱまみれ

きがえる。

水着 → on → ポンチョ

FOREST SAUNA
まずは、カウンセリング
お茶のみつつ
体調はどうですか？
アレルギーはありますか？
サウナはよく行かれますか？
一回に何分くらい入ります？
ん〜
8〜12分ですかね〜？
しっかりきかれるよ
大丈夫ですね〜
今日はシナモンパウダーでスクラブします
かいでみます？
シナモン!!
じょりじょり
口に入れられるものしか使いません
あとはハチミツ〜オリーブ油〜
では、はじめましょう！
白樺 ウィスクが オーク たくさん ユーカリ
種で効果がちがうらしい。
ストーブ
水につかったウィスク
ひしゃく
シナモンやはちみつ
バケツ
スッ…
ちゃぽん…
水着でサウナ室へ

ロウリュ
じゅんわあああ。
リトアニアでは。
ぴちょん
水に指をつけて
はい
願い事を
最初のロウリュで願いが叶うといわれています
さわん
さわん
さわん
さわん
じゅんわ
オプショーンでーす
ぷるりーん
お顔にハチミツぬりまーす
とろりーん
ではいウィスクを枕に横になってください

ウィスキング In SaunaLab Nagoya
まずは、足
恐縮する〜
じょり じょり
じょり
//ももの上!!//
裸になった
として全身スクラブ
じょり じょり
じょりー
指の先まで
ここから
葉があたらないの〜
水着のままでもOKよ♡
頭にウィスクをのせますねー
と、なったので何もみえません
ロウリュ音
わさぁ〜
以下、音と、感触による想像です。
水の音
風の音
ざわ
じゅ〜
ぴちょん
ぴちょ
stroke
なでる
ざわ
おしつける
むぎゅう〜
Push
休憩
なんだろう
時折、雨
さぁぁ
ホヘ〜
Hit!!
パシ
パシ
パシ
たたく
緑の香りにつつまれ
あつさは大丈夫ですかー?
五感がフル稼動

頭に
お水かけますねー
じょぼぼぼぼ
はじまって
30分強かな
限界っす
少し
あったためましょうね
そう、
ここはサウナ室
あづい
そろそろ
ヤバイ
↑50〜60°Cに下げてある。
ギャー
限界からの
冷水
チャクラ
開く
歩けますか？
はい
ICE SAUNA
マイナス
25°C
行きましょう
温からの
極冷
トナカイ
の毛皮
大丈夫
生きてる
あし、
みえるし

まわってきたー
ぐるぐる
くるみますねー
ぐるぐるー
ササササ
ササササ
ではこのいすにどうぞ
あ
ふわあ
"ウィスク"の使い方をしりたかったのだけど
はい終了です
どうでした?
…
思いがけず
妖精に写真とらせてときいてみた
え?私!?
私の写真!!?
言葉にならないです
新しい扉をあけてしまった気がする
と、第三の目
終
ササッ
やっぱりウィスクないとだめですよね!?
妖精→ウィスキングマイスター Ayumiさん(サウナラボ名古屋)でした
ぬくぬく

なんか遠くに来た
現実はこう
毛布
素まき…
ありがとうございました

コラム

サウナ用語をもっと知りたいなら

ここまで、読んだところで、なれない人は
きっと、わからない言葉がいっぱい出て来たよね？

鳴く
ラドル
セルフロウリュ
サウナハット
サウナストーン
ストーブ
シングル
水風呂

サウナ独特の言いまわしや言葉っていっぱいあるのよね。
この本の中では、あまり解説できず。
ゴメンね〜

でで〜ん

もっと、知りたくなってしまったそこのあなた！

ご安心を。
こんな本があるよ！

サウナにまつわる言葉を500超紹介。
文化系サウナーの必読本

サウナ語辞典
文：草彅洋平＋AMAMI
絵：浜竹睦子
発行：誠文堂新光社

あわせて読んでも最高じゃ〜
ほほ〜

本書で紹介したサウナ施設

関西

中国・四国・九州

北海道

北海道空知郡上富良野町
吹上温泉保養センター
白銀荘 … 068

東北

宮城県気仙沼市
唐桑御殿つなかん … 074

宮城県仙台市
スパメッツァ仙台 竜泉寺の湯 … 034

関東

埼玉県草加市 湯乃泉 草加健康センター … 016

東京都北区 カプセル&サウナ ロスコ … 055

東京都新宿区 ルビーパレス … 018

東京都渋谷区 渋谷SAUNAS … 026

東京都渋谷区 改良湯 … 056

東京都渋谷区 ドシー恵比寿 … 029

東京都港区 PARADISE … 030

東京都大田区 COCOFUROたかの湯 … 065

神奈川県横浜市 スカイスパYOKOHAMA … 032

中部

岐阜県岐阜市 新岐阜サウナ … 040

岐阜県各務原市 恵みの湯 … 100

岐阜県大垣市 田辺温熱保養所 … 106

静岡県静岡市 サウナしきじ … 052

愛知県名古屋市 SaunaLab Nagoya … 036

愛知県名古屋市 ウェルビー栄 … 039

施設INFO

凡例
- 女性専用
- 男性専用
- 予約制
- 水着着用
- 宿泊専用
- 期間限定
- ポンチョ着用

あ

あおき温泉 ………… 022
〒830-0224 福岡県久留米市城島町
上青木366－1
Tel：0942-62-1426

ウェルビー栄 ………… 039
〒460-0008 愛知県名古屋市中区栄3－13－12
Tel：052-262-1126

御湯神指しベストパワーランド ………… 080
〒854-1124 長崎県諫早市飯盛町川下234
Tel：0957-49-1616

お湯処美福 ………… 021
〒721-0952 広島県福山市曙町5－2－27
Tel：084-957-0011

か

改良湯 ………… 056
〒150-0011 東京都渋谷区東2－19－9
Tel：03-3400-5782

かみとくの湯 ………… 020
〒799-1511 愛媛県今治市上徳甲711－1
Tel：0898-47-2615

カプセル&サウナ ロスコ ………… 055
〒114-0015 東京都北区中里2－4－8
Tel：03-3915-0005

唐桑御殿つなかん ………… 074
〒988-0571 宮城県気仙沼市唐桑町鮪立81
Tel：0226-32-2264

寒の地獄温泉 ………… 048
〒879-4911 大分県玖珠郡九重町田野257
Tel：0973-79-2124

ぎょうざ湯 ………… 042
〒605-0806 京都府京都市東山区
団栗通大和大路西入六軒町206－1
Tel：075-533-4126

神戸サウナ&スパ ………… 011
〒650-0011 兵庫県神戸市中央区
下山手通2－2－10 神戸サウナビル 6F
Tel：078-322-1126

神戸レディススパ ………… 008
〒650-0011 兵庫県神戸市中央区
下山手通2－2－10 神戸サウナビル 3F
Tel：078-322-1726

COCOFURO たかの湯 ………… 065
〒144-0055 東京都大田区仲六郷2－27－12
Tel：03-6715-8773

五香湯 ………… 060
〒600-8357 京都府京都市下京区
黒門通り五条上ル柿本町590－12 1F
Tel：075-812-1126

さ

サウナしきじ ………… 052
〒422-8036 静岡県静岡市駿河区敷地2－25－1
Tel：054-237-5537

サウナの梅湯 ………… 059
〒600-8115 京都府京都市下京区岩滝町175
Tel：080-2523-0626

SaunaLab Nagoya ………… 036
〒460-0008 愛知県名古屋市中区
栄3－9－22 グランドビル 8F
Tel：052-238-2131

SANA MANE ………… 044
〒761-3110 香川県香川郡直島町
横防2182
Tel：0878-13-3177

あとがき
ペコリ
ここまで
読んでいただき、
ありがとう
ございます。
この本は、たくさんの
人たちのパワー＆協力で
完成しました。
ここで、神々
をご紹介します。
偏愛サウナめぐり
企画
ゴゴゴゴゴ
ものすごい早さで
企画を通す
松下さん
編集
松下大樹さん
（誠文堂新光社）
純喫茶
好き
いつだって銭湯
Tシャツ
はい
やります！
私、
やりますよー
シュバッ
はじめ
まして
スパパパパ
あ…
久々にみた
お姿が裸だった
白!!
細
あまみちゃん
編集
青山波瑠香さん
初対面が、
お互い裸だった
（風呂だから）

ゴッドサウナー
草彅洋平さん
草彅さんがいなかったら、この本はできなかったのです
サフレの
川瀬さん
(餃子のラスベガス、ヨルゴオーナー)
私が、サウナにハマるきっかけとなった人です。また、サウナ行きましょー!
レアカツ
夫
My Family
ひろまさ
子
たろう
シャカ
シャカ
やさしい
あべさん
(バーバー整髪)
LOVE!!
デザイナー
日向麻梨子さん
(オフィスヒューガ)
鬼スケジュールを
全方位気づかいで
かわいくつくってくれました
描かせていただいた
温浴施設様
AND MORE…
皆様、ありがとうございます!!
私の
偏愛サウナめぐりは
まだまだつづくのです
行きたい、描きたいサウナが
いっぱいあるのです。
また、どこかでお会いできますように。
2024年3月　浜竹睦子

浜竹睦子
はまたけ・むつこ

福岡県生まれ、岡山県在住。美術館勤務を経て、フリーランスのイラストレーターに。コロナ禍のひとり遊びでサウナに開眼。全国各地のサウナでの体験をイラストで記録し、インスタグラム(@hamatakemutsuko)で公開。『サウナ語辞典』(誠文堂新光社、文/草彅洋平+AMAMI)でイラストを担当。サウナ・スパプロフェッショナル。

日向麻梨子
(オフィスヒューガ)

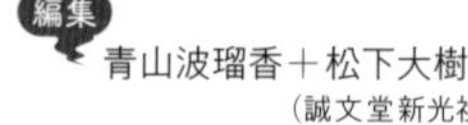

青山波瑠香+松下大樹
(誠文堂新光社)

偏愛サウナめぐり

みっちりイラストでひたる37施設

2024年 3月 7日　発行　　NDC673

著　者	浜竹睦子
発行者	小川雄一
発行所	株式会社 誠文堂新光社 〒113-0033 東京都文京区本郷3-3-11 電話 03-5800-5780 https://www.seibundo-shinkosha.net/
印刷所	株式会社 大熊整美堂
製本所	和光堂 株式会社

ISBN978-4-416-72326-5